I0070313

STATUTS, INSIGNES & ARMOIRIES

DES CORPORATIONS

D'ARTS & MÉTIERS

ET DES

CONFRÉRIES MILITAIRES OU JUDICIAIRES

DE FRANCHE-COMTÉ

(XVᵉ-XVIIIᵉ SIÈCLES)

PAR

JULES GAUTHIER

ARCHIVISTE DU DOUBS

CORRESPONDANT DU MINISTÈRE DE L'INSTRUCTION PUBLIQUE

ET DE LA SOCIÉTÉ DES ANTIQUAIRES DE FRANCE

BESANÇON

IMPRIMERIE ET LITHOGRAPHIE DE PAUL JACQUIN

Grande-Rue, 14, à la Vieille-Intendance

1885

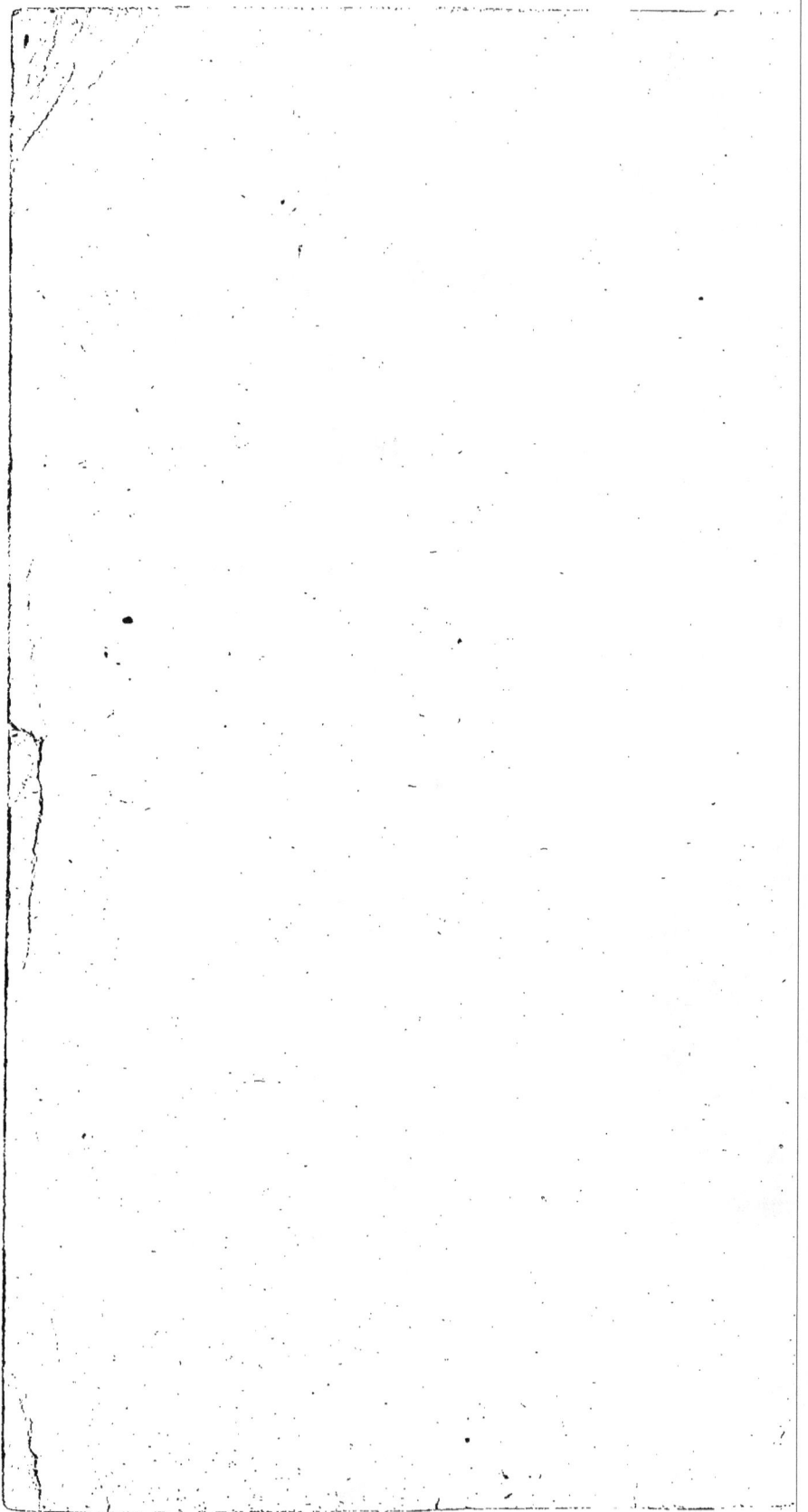

STATUTS, INSIGNES & ARMOIRIES

DES

CORPORATIONS D'ARTS & MÉTIERS

ET DES CONFRÉRIES MILITAIRES OU JUDICIAIRES

DE FRANCHE-COMTÉ

(XVᵉ-XVIIIᵉ SIÈCLES)

Au moment de la conquête française de 1674, et malgré les désastres imparfaitement réparés de la guerre de Dix ans, toutes les villes comtoises de quelque importance possédaient un certain nombre de corporations qui, au point de vue militaire, religieux ou professionnel, groupaient toute la partie active de leurs habitants.

Le plus grand nombre de ces corporations avait le caractère exclusivement religieux de confréries pieuses, s'occupant d'attirer sur leurs membres des grâces spirituelles ou temporelles en invoquant la protection d'un saint dont elles entouraient l'image d'un culte plus ou moins fréquent. Ces confréries étaient vouées la plupart à saint Roch, à saint Antoine, qui écartaient les épidémies, à saint Jacques, qui protégeait les voyageurs, au saint Sacrement, à la sainte Croix, mais surtout à la sainte Vierge, vénérée sous le titre de l'Immaculée Conception, de Notre-Dame du Carmel, du Rosaire ou des Sept-Douleurs. Quelques-unes de ces associations remontaient au XIVᵉ siècle, mais le plus grand nombre dataient seulement du XVIᵉ ou du XVIIᵉ siècle, et étaient nées dans cette période de ferveur et de zèle qui suivit le concile de Trente et le renouvellement des ordres religieux.

A côté de ces groupes purement religieux qui, jusque dans les moindres paroisses, enrôlaient les fidèles des deux sexes, deux autres genres de confréries, d'un caractère mixte et d'origine généralement plus ancienne, existaient dans nos villes principales. Chez elles le caractère pieux était doublé, je dirais presque primé par un caractère purement professionnel ou civil; ces confréries groupaient soit la noblesse, soit la jeunesse apte à porter les armes, dans des corpo-

rations militaires ; soit les gens de robe, magistrats, avocats ou procureurs, dans des compagnies judiciaires ; soit enfin et surtout les artisans
dans des corps d'arts et métiers. Toutes ces confréries avaient leurs statuts, quelquefois même deux sortes de statuts, les uns se rattachant à
l'ordre spirituel, soumis à l'approbation de l'archevêque, les autres ré-
glant la constitution civile et technique de l'association, contrôlés et
approuvés soit par l'autorité souveraine du prince, soit par l'autorité
municipale usant de son droit de police.

En tête des confréries militaires venait, par droit d'ancienneté, j'allais
dire de naissance, la confrérie provinciale de Saint-Georges, imi-
tation franc-comtoise de maintes associations formées sous le même vo-
cable et dès le XIVᵉ siècle, en Bourgogne, en Lorraine, et même en
Allemagne, où il en subsiste encore. Fondée au milieu du XVᵉ siècle, cette
association, exclusivement composée de nobles, revêtit, surtout aux XVIᵉ
et XVIIᵉ siècles, un caractère politique et devint une base de résistance au
pouvoir sans cesse grandissant du parlement de Dole. Les compagnies
d'arbalétriers ou de chevaliers de l'Arquebuse, réunissant sous l'égide
de sainte Barbe ou de saint Sébastien tous les hommes capables de porter les armes, formaient, dans toutes nos villes fermées, le second degré,
très nombreux et très démocratique, des confréries militaires.

En tête des confréries judiciaires, et constituée peut-être dans un but
plutôt politique que religieux, la confrérie parlementaire de Saint-
Yves de Dole, fondée en 1553, faisait face à la confrérie de Saint-Georges, en réunissant dans un faisceau l'élément qui disputait à la noblesse
la prééminence et le pouvoir, et devait finalement les lui enlever. Tous
les principaux sièges de juridiction imitèrent insensiblement le parlement et eurent aussi leurs confréries de Saint-Yves pour les avocats et les
juges, de Saint-Nicolas pour les procureurs.

Enfin, et dans tous les centres où le courant commercial avait pu
créer des marchés fréquentés, des artisans s'étaient insensiblement cons-
titués en corporations civiles jouissant, dans la limite que leur concédait
le pouvoir local ou central, d'une juridiction professionnelle sur leurs
membres, et en confréries ayant un patron, une fête annuelle, des insignes et certaines obligations pieuses. Tandis que les métiers avaient eu
dès le XIIIᵉ siècle, à Paris, en Flandre, en Allemagne et en Italie, un
développement, une expansion et une influence considérables, l'indus-
trie comtoise, lente à se développer dans un pays pauvre et dans des
villes peu populeuses, ne datait guère que du XVᵉ siècle, et encore avait-
elle un caractère presque exclusif de production et de consommation
locales, que jusqu'au XVIIIᵉ siècle le cours des temps n'atténua guère.
Aussi les artisans, disséminés partout et vivant à grand'peine, furent-ils
plus lents chez nous à se former en corporations professionnelles ; tandis qu'à Montbéliard, soumis à l'influence germanique, les *chonffes*
(*schumpfe*, sociétés) d'artisans étaient florissantes dès le XVᵉ siècle, c'est au

xvıe siècle seulement, semble-t-il, que des corporations analogues s'établissent à Besançon, Dole, Salins. Les villes réglementent l'exercice des métiers, les métiers eux-mêmes modèlent leurs statuts sur les types des régions voisines où le commerce est plus florissant; les métiers les plus nécessaires paraissent organisés les premiers, les cordonniers et les tanneurs, les drapiers, les merciers, les ouvriers du bâtiment, les maréchaux-taillandiers, priment naturellement les métiers qui représentent davantage l'idée de luxe ou de spécialité recherchée. Au xvııe siècle, toutes nos corporations sont constituées, sauf celles des jardiniers ou laboureurs, qui, sur plusieurs points, s'organiseront sous les auspices de saint Fiacre ou de saint Isidore, ou celle des imprimeurs, qui ne se constituera à Besançon qu'au milieu du xvıııe siècle, sous la protection de saint Jean porte Latine. Toutes ont leur patron représenté par quelque statue ou quelque tableau appendu dans de notables sanctuaires ; beaucoup ont des insignes ou des armoiries gravés sur leurs sceaux ou les diplômes de maîtrise que les plus importantes (ou, sur leur certificat, les municipalités) distribuent à leurs adeptes ; en 1696, l'*Armorial général* enregistre ces armoiries ou en invente pour les corporations assez riches pour payer cette faveur. Mais l'autorité royale, intervenant de trop près dans l'organisation des corporations d'arts et métiers qui, libres et indépendantes, auraient pu devenir si fécondes pour le développement de la richesse et des libertés publiques, les étouffa peu à peu par le double régime de la fiscalité et de la réglementation. On vendit le titre de maître cordonnier comme la charge de conseiller au parlement. La caisse de l'Etat s'enrichit médiocrement du produit de ces brevets qui écrasaient les caisses corporatives, et quand les lois des 17 mars, 17 juin et 14 septembre 1791 (1) déclarèrent dissoutes et supprimées les corporations d'arts et métiers, le bilan de leur fortune, dressé par les commissaires de district, ne montra partout en Franche-Comté que des dettes. La révolution ne fit que donner le coup de grâce à des institutions que le régime autoritaire de la monarchie avait arrêtées dans leur développement.

Dans ce naufrage où elles disparurent, nos corporations militaires ou professionnelles perdirent généralement leurs archives, limitées d'ordinaire à quelques registres, au recueil de leurs statuts et à leurs sceaux, dont quelques empreintes ou quelques matrices ont été recueillies par nos musées ou nos archives. Seuls les vieux saints peints ou sculptés dans les églises ont survécu, la plupart rappelant les confréries qui doublaient invariablement nos corps d'artisans. Quelques recueils d'ordonnances publiés sous le contrôle municipal à Besançon, Dole et Salins, de nombreuses indications recueillies particulièrement aux archives départementales du Doubs et aux archives municipales de

(1) V. aussi l'art. 305 de la constitution de l'an ııı.

Montbéliard, m'ont aidé à reconstituer la liste très sûrement incomplète, mais qu'on chercherait vainement ailleurs, des corporations franc-comtoises, avec l'indication de leurs statuts, de leurs patrons, de leurs insignes, sceaux ou armoiries (1). Ce tableau, laissant à dessein de côté les confréries purement religieuses, s'est trouvé naturellement divisé en deux parties : les confréries militaires ou judiciaires d'une part, les corporations d'arts et métiers de l'autre, toutes classées dans l'ordre alphabétique des localités, sous-divisé lui-même par l'ordre alphabétique des métiers. On y trouvera l'aperçu très sommaire de l'intérêt et des ressources que l'histoire des métiers comtois pourrait fournir à des études consciencieuses et détaillées, analogues à celles récemment consacrées aux *Chevaliers de l'Arquebuse* et aux *Médecins, chirurgiens et apothicaires* par mon excellent confrère et ami, M. Bernard Prost (2). Pour compléter ces premiers renseignements, il faudra épuiser tous les fonds d'archives publiques et en particulier d'archives municipales ou paroissiales où sont encore épars sans emploi les matériaux d'un pareil travail ; ce sera là œuvre utile et intéressante, mais avant tout œuvre de patience, qui se recommande entre toutes à l'érudition provinciale.

(1) Les armoiries sont données d'après l'*Armorial général* de 1696 avec ce renvoi (A. g.).
(2) *Notices historiques sur les chevaliers de l'Arquebuse de Poligny, de Salins, de Besançon, etc.* Bulletin de la société de Poligny, 1871-1873. — *Notes et documents pour servir à l'histoire de la médecine en Franche-Comté* (XIIᵉ-XVIIIᵉ siècles), br. in-8°, 1884. — V. aussi les *Corporations ouvrières de Paris du XIIᵉ au XVIIIᵉ siècle*, par Alfred FRANKLIN. Paris, Didot, 1884.

STATUTS, INSIGNES & ARMOIRIES

CORPORATIONS D'ARTS & MÉTIERS

ET DES CONFRÉRIES MILITAIRES OU JUDICIAIRES

DE FRANCHE-COMTÉ

I. — CONFRÉRIES MILITAIRES ET JUDICIAIRES.

Comté de Bourgogne.

1. — CONFRÉRIE OU CHEVALERIE DE SAINT-GEORGES AU COMTÉ DE BOUR-
GOGNE. — Confrérie religieuse et militaire constituée au milieu du
xve siècle et ayant siégé tour à tour à Rougemont, Salins, Vesoul,
etc., finalement établie de 1661 jusqu'à 1790 aux Grands-Carmes
de Besançon. Rétablie de 1816 à 1830. Statuts des xve-xvie siècles,
renouvelés le 25 avril 1768 (V. notamment l'*Aperçu succinct sur
l'ordre des Chevaliers de Saint-Georges*, par M. de Saint-Mauris,
Vesoul, 1833 ; l'*Etat de l'illustre Confrérie de Saint-Georges*, par
Pierre de Loisy, Besançon, 1663, et *la Chevalerie de Saint-Georges*,
par MM. Ch. Thuriet et Ch. Baille, Poligny, 1878. — Grand sceau
rond de 34 mill., lég. entre un grènetis (extérieur) et un filet. Dans
le champ, saint Georges asénestré, vêtu à l'antique et à cheval,
plante son épée dans la gorge d'un dragon que son cheval foule
aux pieds. Autour : SIGIL. NOBIL. SEQVAN. D. GEORGIO. DICATAE.
(Empreinte du 24 avril 1670, Arch. du Doubs. E. *Nouv. Acquisit.*
V. pl. I, n° 1.) — Petit sceau rectangulaire avec angles arrondis,
haut de 23, large de 21 mill. dans le champ, même sujet que dans
le grand sceau (sauf que saint Georges est tourné à dextre ainsi que
son coursier). Lég. circulaire, entre deux filets : * SIGILL : MIN :
NOBIL : SEQVAN : D : GEORG : DICATAE. (Publié par Fouray de Bois-
selet, *Recueil de jetons franc-comtois*, 1863-73, page 22, IIe part., et
pl. XIV, n° 2. V. notre pl. II, n° 2.) — INSIGNES. Les chevaliers
ou confrères de Saint-Georges portaient primitivement au col, puis
à la boutonnière, fixé au moyen d'une bélière et d'un anneau à un
cordon ou à un ruban (primitivement rouge et finalement bleu clair),

une petite figure équestre de saint Georges, en or ou en argent doré. Nous donnons aux planches deux spécimens inédits de cet insigne, l'un plus ancien, datant, semble-t-il, du XVIᵉ siècle, qui m'a été communiqué par l'obligeance d'un confrère, M. le marquis Sylvestre de Jouffroy, de l'Académie de Besançon, l'autre datant du XVIIIᵉ siècle seulement, que j'ai dessiné en 1882 au château de Buthier, chez M. le marquis Déodat de Scey de Brun. Le premier, reproduit sous les nᵒˢ 3 et 3 *bis* de la pl. I, pèse environ 40 francs d'or ; le second (nᵒ 4 de la même pl.) pèse environ 80 francs (1). — Armoiries : *De gueules à un saint Georges d'or*. (A. g. de 1696.)

Arbois.

2 — CHEVALIERS DE L'ARQUEBUSE. — Confrérie de Saint-Sébastien, corporation créée, dit-on, par Marguerite d'Autriche, en 1523.

Baume.

3. — COMPAGNIE DE L'ARQUEBUSE. — Etablie le 10 août 1580.

Besançon.

4. — CHEVALIERS DE L'ARQUEBUSE (ARBALÉTRIERS). — Statuts de 1530 (ms. Gauthiot) l. IX, renouvelés le 6 janvier 1608 et le 28 janvier 1773 (réunion des trois corporations de l'Arquebuse, de l'Arbalète et de l'Arc. Les statuts de 1608 et de 1773 ont été publiés par M. B. Prost, *Bulletin de la Soc. de Poligny*. 1873, p. 169-240). Dans cette confrérie a dû être de bonne heure absorbée la compagnie des *Coulevriniers*, dont on trouve également les statuts dans le Recueil de 1530, l. IX. Drapeau et insignes : « Lesquelx arbalétriers porteront en leur bannière Monsieur saint Sébastien blanc et bien peincturé en ung champ rouge, laquelle bannière leurs capitaines seront tenus la venir querre et rapporter sans délay en nostre hostel consistorial. » (*Stat.* de 1530.) — On conserve au musée de Besançon une croix de cuivre doré (reproduite pl. I) que portaient les chevaliers (peut-être les chefs ou les lauréats) de l'Arquebuse de Besançon. Cette croix, haute de 30 mill., large de 32 mill., munie d'une bélière, est formée d'un mousquet mis en sautoir avec une épée sur une arbalète posée en pal. Deux

(1) Un insigne des chevaliers de Saint-Georges, en argent doré, appartenant à M. Charles Baille, de Poligny, a été récemment publié dans les *Mém. de la Soc. d'émulation du Doubs*, par M. Castan (t. VIII, 5ᵉ série, p. 91). V. dans l'*Etat de la confrérie de Saint-Georges*, de Pierre de Loisy, 1663, frontispice et planches, la représentation de l'insigne de la confrérie.

nœuds de rubans soutiennent ce trophée, découpé à jour et finement ciselé, dans un cadre quadrangulaire dont chaque côté se compose d'un arc formé de deux volutes soutenant une fleur de lis centrale et extérieure, chacune de ces quatre fleurs de lis servant de support ou de couronnement au mousquet et à l'épée mis en sautoir. (Cette croix des Arquebusiers a été donnée au musée archéologique par feu le président Bourgon.) La confrérie de l'Arquebuse se tenait, au XVIIIe siècle, en l'église des Cordeliers.

5. — AVOCATS. — Confrérie établie aux Cordeliers, au XVIIIe s

6. — PROCUREURS. — Confrérie établie aux Cordeliers au XVIIIe s.

Dole.

7. — CHEVALIERS DE L'ARQUEBUSE. — Statuts renouvelés le 7 août 1556, en 1706 et en 1738. Patronne : sainte Barbe. Uniforme : primitivement « une veste en drap écarlate, une culotte ventre de biche, brodées en argent, et un chapeau bordé de même. Depuis 1738 il se compose d'un habit rouge de camelot, d'une veste de toile jaune, d'une culotte de calamandre rouge, le tout à boutons d'argent; d'un chapeau orné d'une rosette blanche et galonné d'argent. » (ROUSSET, III, 564.) Etendard : « Au champ de gueules chargé d'une sainte Barbe brodée en or, avec les armes de la ville et la devise : Sainte Barbe et Dole. » (Ib.)

8. — SOCIÉTÉ DE L'ARC. — Connue dès 1489. Uniforme : « un habit de drap bleu, parements, veste et culotte écarlate brodés en argent, le chapeau bordé de même. » — Etendard : « Un saint Sébastien percé de flèches, avec les armes de la ville et la devise : Dole et saint Sébastien. » (ROUSSET, III, 565.)

9. — MAGISTRATS ET GENS DE ROBE. — Confrérie de Saint-Yves, établie le 30 mai 1553; chapelle dans le vieux palais du Parlement consacrée le 20 mai 1583. — Armoiries : D'argent à un saint Yves de carnation, vêtu d'une robe de palais de sable, bordée d'argent, la tête couverte d'un bonnet carré aussi de sable, et tenant en sa main dextre un papier en forme de requête d'argent, le saint sur une terrasse de sinople. (A. g.)

Gray.

10. — CHEVALIERS DE L'ARQUEBUSE. — Corporation connue dès 1454, privilèges confirmés par les archiducs le 9 novembre 1611.

Lons-le-Saunier.

11. — CHEVALIERS DE L'ARQUEBUSE. -- Corps constitué le 8 avril 1518.

Statuts renouvelés et approuvés le 10 mai 1716, par le Magistrat de la ville. — Confrérie de Saint-Sébastien. — Uniforme : « habit, veste et culotte écarlate, avec brandebourgs en or et boutons dorés ayant deux arquebuses en sautoir; bas de soie blancs; boucles d'argent aux souliers et à la jarretière de la culotte; chapeau tricorne bordé d'hermine, avec cocarde blanche et plumet rouge; l'épée avec garde en or. » (ROUSSET, III, 632.) Emblème : un soleil avec la devise : NEC PLURIBUS IMPAR.

12. — AVOCATS. — Confrérie de Saint-Yves. Statuts approuvés par l'ordinaire le 28 mai 1705.

13. — PROCUREURS. — Confrérie de Saint-Nicolas. Statuts approuvé par l'ordinaire le 25 novembre 1675.

Montbéliard.

14. — SOCIÉTÉ DE L'ARQUEBUSE. — Signalée dès 1454.

Orgelet.

15. — CHEVALIERS DE L'ARQUEBUSE. — XVIIᵉ siècle.

16. — MAGISTRATS ET GENS DE ROBE. — Confrérie de Saint-Yves. XVIIIᵉ siècle.

Poligny.

17. — CHEVALIERS DE L'ARQUEBUSE. — De 1518. — Corps constitué en vertu des patentes de Marguerite d'Autriche du 8 avril 1518, et de Charles Quint du 3 octobre 1538. (V. *Notice sur les Chevaliers de l'Arquebuse de Poligny*, par M. B. Prost. Bulletin de 1871.)

Uniforme et insignes : « Les chevaliers portaient un habit de drap bleu de ciel, garni de trente cartouches d'or, le chapeau était un castor sans bord, orné d'un plumet blanc. Le roi était décoré d'une croix d'or qu'il portait à sa boutonnière. Cette croix était aux armes de la ville et présentait au revers : *une aigle éployée se jouant de la foudre*. La bannière de la compagnie était, d'un côté, en damas cramoisi aux armes et devise de la ville, et, de l'autre, en damas aurore à une aigle de sable avec cette devise : *Sunt fulmina ludus.* » (ROUSSET, V., 285.)

18. — MAGISTRATS ET GENS DE ROBE. — Confrérie de Saint-Yves.

Pontarlier.

19. — COMPAGNIE DE L'ARQUEBUSE. — Rétablie dès 1653.

20. — MAGISTRATS ET GENS DE ROBE. — Confrérie de Saint-Yves établie dès 1656 dans l'église des Augustins.

Saint-Amour.

21. — Chevaliers de l'Arquebuse. — Connus dès le xviiie siècle.

Saint-Claude.

22. — Chevaliers de l'Arquebuse. — Signalés dès 1698 par M. B. Prost. (Notice sur l'Arquebuse de Poligny, 1871.)

Salins.

23. — Chevaliers de l'Arquebuse. — Signalés dès 1563. Statuts approuvés le 29 mars 1763 par le commandant en chef du comté, renouvelés et approuvés par la même autorité le 26 juillet 1782. (Publ. en 1871, dans le *Bulletin de la Soc. de Poligny*, par M. B. Prost, p. 242-249). — Patronne : sainte Barbe. — Cette corporation avait absorbé celle des *Couleuriniers*, établie le 10 avril 1523.

Uniforme des chevaliers de l'Arquebuse en 1763 : « Uniforme bleu de roi de drap, doublure de même couleur assorti d'une épaulette en or garnie d'une frange sur l'épaule gauche, de boutonnières d'or des deux côtés, jusqu'à la poche, trois sur les manches, trois sur les poches et trois derrière l'habit ; veste et culotte de drap écarlate assorties de même que l'habit des deux côtés de boutonnières d'or : quant à la veste seulement boutons de pinchebec à trait, chapeau à bord d'or à la mousquetaire ; guêtres de toile blanche à boutons blancs, cocarde blanche, l'épée au côté et le tout en uniforme. » *(Stat.)* Additions en 1782 : « cocarde blanche ; ...boutons de pinchebec, sur lesquels sont en relief deux arquebuses en sautoir et une épée couronnée ;.... bottes molles pour l'officier ; le sabre avec son baudrier qui croisera sur la poitrine avec la giberne, et qui seront soutenus par les contre-épaulettes ; un fusil uni dont le canon sera de trente-quatre pouces de hauteur, garni en acier, et une baïonnette uniforme. — Le chevalier sera libre de porter en tout temps son surtout en forme de frac de baracan bleu, doublure de même couleur, sans galons, avec six boutons uniformes placés par un, deux et trois, le collet montant d'un pouce en velours cramoisi. » *(Stat.)*

Vesoul.

24. — Société des Arquebusiers. — xviie siècle.

II. — CORPORATIONS D'ARTS ET MÉTIERS.

Arbois.

25. — BARBIERS ET PERRUQUIERS. — Statuts généraux annexés aux lettres patentes du 6 février 1725.

26. — CHIRURGIENS. — Statuts généraux annexés aux lettres patentes du 24 février 1730.

27. — CLOUTIERS, MARÉCHAUX, SERRURIERS ET TAILLANDIERS. — Confrérie établie le 4 octobre 1737, approuvée par l'ordinaire, puis par le parlement, le 7 mai 1737. — Patron : saint Eloi.

28. — CORDONNIERS ET TANNEURS. — Confrérie établie le 19 octobre 1679, approuvée par l'ordinaire le 21 octobre 1679. Statuts homologués par le parlement le 28 avril 1722. — Patrons : saints Crépin et Crépinien.

29. — TISSERANDS. — Confrérie établie en 1678, approuvée le 8 janvier 1678 par l'ordinaire. Statuts homologués au parlement le 8 juin 1682. — Patron : saint Sévère.

30. — VIGNERONS. — Confrérie de Saint-Vernier, connue dès 1651.

Baume.

31. — APOTHICAIRES. — Corps de maîtrise établi le 27 janvier 1762, par arrêt du parlement de Besançon.

32. — CHIRURGIENS. — Statuts généraux enreg. au parlement de Paris le 13 août 1731.

Besançon.

33. — APOTHICAIRES. — Statuts homologués au parlement le 27 août 1688 (1); ordonnances de 1530 (ms. Gauthiot, l. V); éd. de 1698,

(1) L'an 1688 est la date d'homologation de la plupart des statuts de corporations bisontines; nous nous abstiendrons de la répéter dans les articles suivants. Voici l'indication bibliographique des recueils manuscrits ou imprimés d'ordonnances municipales auxquels se rapportent les renvois des statuts de nos corporations.

1° « Police du noble hostel consistorial de la cité de Besançon, reputée par les empereurs, chambre et boucliers du Sainct Empire, departie en neuf libvres ou se voyent bien et dehuement reiglés tous les etats y estans, ainsi qu'il convient à la republique d'une telle cité *(ex mandato nobilis Simonis Gaulthiot, domini ab Ancier, Varro, Cyley, Bretygney, etc.).* » (V. 1530, complété jusqu'à 1583). (Ms. original. Arch. communales de Besançon ; copie, *Arch. du Doubs,* nouv. acquisit.)

2° *Ordonnances, reglemens et status des arts et metiers de la cité royale de Besançon. A Besançon, chés Louis Rigoine, imprimeur du roy, du parlement et*

190 ; de 1784, 151. Confrérie érigée aux Cordeliers. Patronne :
sainte Madeleine.

34. — Arquebusiers (Armuriers-Fourbisseurs). — Statuts des épe-
ronniers et morgandiers, v. 1530, l. VI; ordonnances de 1689,
p. 1 (suppl.); de 1698, 176 ; de 1784, 82. Armoiries : *De gueules à
un saint Eloi d'argent, vêtu pontificalement* (A. g.). Gauthiot, l. V.

35. — Barbiers et Perruquiers. — Statuts de 1530, l. V; statuts généraux annexés aux patentes de mars 1700, enreg. à Besançon le
26 avril 1700.

36. — Bouchers. — Statuts : ord. de 1689, 141 ; de 1698, 238 ; de
1784, 112. — Patron : saint Antoine. Armoiries : *D'or à un
saint Antoine de carnation vêtu de sable, accosté en pointe d'un feu
de gueules à dextre et d'un cochon de sable à sénestre, mouvant de
derrière le saint sur une terrasse de sinople.* (A. g.)

37. — Boulangers et Patissiers. — Statuts : ord. de 1689, 135 ;
de 1698, 226 ; de 1784, 106. Armoiries : *D'argent à un saint
Honoré de carnation vêtu de ses habits pontificaux, son aube d'argent, sa tunique de sinople bordée d'or, sa chape de gueules enri-
chie d'or, ganté de gueules, mitré de même, enrichi d'or et de pier-
reries, tenant embrassé de son bras dextre une crosse d'or et une
pelle de four de même, chargée de trois pains de gueules, et de sa
main sénestre un autre pain de même.* (A. g.)

38. — Bourreliers-Selliers. — Statuts : ord. de 1530 (Gauthiot), l. VI ;
de 1689, 108 ; de 1698, 170 ; de 1784, 79. — Patron : saint Eloi.
Armoiries : *D'azur à un saint Eloi vêtu pontificalement, accosté
d'un collier de cheval et d'un marteau, le tout d'or.* (A. g.)

39. — Chapeliers. — Statuts : ord. de 1530, l. IV ; de 1689, 79 ; de
1698, 124 ; de 1784, 58. — Patron : saint Jacques. Armoiries :
*De gueules à un saint Jacques vêtu en pèlerin avec son bourdon et
sa calebasse (gourde) d'or, le mantelet de sable chargé de coquilles
d'argent.* (A. g.)

40. — Charpentiers. — Statuts : ord. de 1530, l. VII ; du 17 mars
1583 ; de 1689, 29 ; de 1698, 44 ; de 1784, 22. — Patron : saint
Joseph. Armoiries : *D'azur à la sainte Famille, composée de Jésus,
la sainte Vierge et saint Joseph, d'or.* (A. g.)

de la cité, M. DC. LXXXIX, *par ordre de messieurs du magistrat, in-8° de 148
et 10 pages* (les 10 pages ajoutées au vol. contenant les ordonnances des arquebusiers).

3° *Ordonnances, reglements et status des arts et métiers de la cité royale de
Besançon. A Besançon, chez Jean Gabriel Benoist, imprimeur ordinaire du roy
au comté de Bourgogne et de la cité royale,* M. DC. XCVIII, pet. in-12 de
250 pages.

4° *Ordonnances, réglements et statuts des arts et métiers de la cité royale de
Besançon. A Besançon, de l'imprimerie de Q. S. Bogillot, Grande-Rue, près le
pont,* M. DCC. LXXXIV, in-12 de 344 pages.

41. — Chirurgiens. — Statuts : ord. de 1530, l. V ; de 1689, p. 123 ; de 1698, 206 ; de 1784, 96. — Patrons : saints Côme et Damien.

42. — Cordonniers. — Statuts de 1530, l. IV ; du 27 mars 1563 ; de 1689, 88 ; de 1698, 138 ; de 1784, 65. — Patrons : saints Crépin et Crépinien. (Confrérie établie au Saint-Esprit en 1594, à Saint-Vincent, puis en 1725, à Sainte-Madeleine). Armoiries : *D'azur à un saint Crépin à dextre et un saint Crépinien à senestre, tous deux d'or, sur une terrasse de même.* (A. g.)

43. — Couvreurs, Gypseurs et Platriers. — Statuts distincts des toitots (couvreurs) et des plâtriers : ord. de 1530, l. VII ; de 1689, 36 ; de 1698, 56 ; de 1784, 27 et 205. — Patron : saint Léger. Armoiries : *D'azur à un saint Léger, évêque, vêtu pontificalement d'or, sur une terrasse de même.* (A. g.)

44. — Imprimeurs. — Règlement général du 27 mars 1744. Statuts rédigés en 1773, homologués par arrêt du conseil du 30 août 1777, créant une chambre syndicale. — Patron : saint Jean devant la porte Latine. (Confrérie tenue aux Cordeliers, XVIIIe s.) Armoiries : Deux écus accolés (Besançon et Université de Paris) : *D'azur à la main tenant un livre d'argent sortant d'un nuage et mouvant de chef accompagnée en pointe de trois fleurs de lis d'or posées deux et une* (1). Sceau ovale (haut de 30 mill., large de 27) ; dans le champ deux écus accolés (Besançon et Université de Paris), inscrits dans un cartouche rocaille, sommés d'une couronne comtale. Lég. entre deux filets : Chambre syndicale de Besançon. (Matrice de cuivre, donnée au musée de Besançon par M. Ambroise Roussel-Galle. V. pl. I.)

45. — Laboureurs. — Confrérie érigée, v. 1744, en l'église de Saint-Claude (par. Sainte-Madeleine). — Patron : saint Isidore.

46. — Maçons et Tailleurs de pierres. — Statuts : ord. de 1530, l. VII ; de 1689, 23 ; de 1698, 35 ; de 1784, 18. — Patron : saint Léger. Armoiries : *D'azur à un marteau de maçon, asenestré d'une truelle, le tout d'argent.* (A. g.)

47. — Marchands (2). — Projets de statuts en 1747. Justice consulaire créée à leur profit en août 1700. Confrérie établie en l'église des

---

(1) D'après les monuments de l'université du comté de Bourgogne (Dole ou Besançon), et en particulier ses diplômes enluminés, cette corporation portait dès le XVIIe siècle les armoiries suivantes : *De gueules au bras vêtu d'or mis en pal, mouvant d'un nuage d'argent au chef de l'écu, et tenant dans sa main au naturel un livre d'or fermé.* L'armorial de 1696 les blasonna ainsi : *D'azur à un livre ouvert d'argent, accompagné de trois fleurs de lis d'or, deux en chef et une en pointe.* (A. g.)

(2) Cette corporation du haut commerce correspondait aux *Six-Corps*, formant l'aristocratie du commerce parisien aux XVII-XVIIIe siècles. Elle comprenait, outre les *banquiers*, les *bonnetiers*, *drapiers*, *merciers* et *pelletiers*, dont les statuts figurent au Recueil de 1530 (liv. IV).

Cordeliers dès 1608. (Approbation de l'ordinaire, 28 avril ; de la ville, 1er septembre). — Patrons : saints Ferréol et Ferjeux (Invention). Armoiries : *D'azur à un saint Louis, roi de France, vêtu à la royale, d'or.* (A. g.)

48. — MARÉCHAUX ET TAILLANDIERS. — Statuts : ord. de 1530, l. VI ; de 1689, 48 ; de 1698, 75 ; de 1784, 36. — Patron : saint Eloi. Armoiries : (v. Serruriers).

49. — MENUISIERS ET DÉBROSSEURS. — Statuts : ord. de 1530, l. VII ; de 1689, 73, de 1698, 115, de 1784, 54. Patron · saint Joseph, Confrérie érigée dès 1639 dans l'église des Grands-Carmes ; se tenait au XVIIIe s. aux Cordeliers.

50. — ORFÈVRES ET ARGENTIERS. — Statuts : ord. de 1530, l. VI ; de 1689, 58 ; de 1698, 91 ; de 1784, 43. Patron : saint Eloi (confrérie aux Cordeliers). Armoiries : *D'azur à une croix d'or cantonnée aux premier et quatrième d'une fleur de lis de même, et aux second et troisième d'une coupe couverte d'argent.* Marque des objets fabriqués : *un tire-bouchon* et deux C entrelacés.

51. — OUVRIERS DU BATIMENT ET ARCHITECTES. — Confrérie établie avant 1690, dans l'église des Jacobins. Patron : les Quatre Couronnés.

52. — PAVEURS. — Statuts : ord. de 1530, l. VII ; de 1689, 53 ; de 1698, 82 ; de 1784, 39. Patron : saint Léger. Mêmes armoiries que les couvreurs, no 43.

53. — PEINTRES. — Confrérie tenue aux Cordeliers (XVIIIe s.).

54. — POTIERS DE CUIVRE. — Statuts : ord. de 1530, l. VI.

55. — POTIERS D'ÉTAIN — Statuts : ord. de 1530, l. VI ; de 1689, 67 ; de 1698, 105 ; de 1784, 50 et 140. Patron : saint Eloi. Armoiries : *De sinople à un pal d'argent, écartelé d'argent à une barre de sinople* (A. g. Armoiries de fantaisie, imposées d'office.)

56. — SELLIERS ET BOURRELIERS. — Statuts : ord. de 1530, l. VI ; de 1689, 103 ; de 1698, 162 ; de 1784, 76. Patron : saint Eloi. Armoiries : *D'azur à un saint Eloi de carnation vêtu en évêque et tenant sa crosse d'argent, accosté d'une selle et d'un marteau de même.* (A. g.)

57. — SERRURIERS. — Statuts : ord. de 1530, l. VI ; de 1689, 41 ; de 1698, 64 ; de 1784, 31. Patron : saint Eloi. (Confrérie tenue aux Cordeliers.) Armoiries : *De gueules à un saint Eloi de carnation, vêtu en évêque, d'or, accosté de deux clefs de même posées en pal, une de chaque côté.*

58. — TAILLEURS ET CHAUSSETIERS (COUTURIERS OU POURPOINTIERS). Statuts : ord. de 1530, l. IV ; de 1698, 131 ; de 1784, 61. Patron : saint Etienne (Invention). (Confrérie établie aux Cordeliers). Armoiries : *D'azur à des ciseaux d'or ouverts en sautoir.)*

59. — TANNEURS. — Statuts : ord. de 1530, l. IV ; de 1689, 97 ; de 1698,

152; de 1784, 71. Patrons : saints Crépin et Crépinien. Formaient confrérie, tantôt commune avec les cordonniers, tantôt distincte. Au xviiie siècle, la confrérie distincte se réunissait aux Cordeliers.

60. -- Tisserands. — Statuts : ord de 1530, l. IV ; de 1689, 93 ; de 1698, 145 ; de 1784, 68.

61. — Tonneliers et Relieurs. — Statuts : ord. de 1530, l. VII.

62. -- Tourneurs. — Confrérie existant dans l'église des Cordeliers au xviiie siècle.

63. - Vignerons. — Confrérie établie en l'église Sainte-Madeleine dès le xvie siècle. Patron : saint Vernier. Armoiries : *D'azur à un saint Vernier d'or, tenant en ses mains une palme de même.* (A. g.)

Bletterans.

64. — Cordonniers et Tanneurs. — Confrérie des saints Crépin et Crépinien, antérieure à 1598.

Dole.

65. -- Apothicaires. — Statuts du 16 avril 1643, homologués par le parlement les 3 septembre 1658 et 16 novembre 1717 (1). Patrons : saints Côme et Damien. Armoiries : (v. Chirurgiens, avec lesquels ils formaient confrérie).

66. Bouchers. -- Statuts de 1717. Confrérie de saint Bonaventure, ayant chapelle dans l'église Notre-Dame. Armoiries : *D'azur à un saint Bonaventure d'or, vêtu de l'habit de son ordre* (cordelier) *et coiffé d'un chapeau de cardinal de même.* (A. g.)

67. — Boulangers et Patissiers. — Statuts de 1717. Armoiries : *D'or à une pelle de four de gueules chargée de trois pains d'argent.* (A. g.)

68. — Chapeliers. — Statuts de 1717. Patron : saint Jacques.

69. — Chirurgiens. — Statuts du 17 septembre 1658 et de 1717. Confrérie dans la chapelle de la Trinité (église Notre-Dame). Armoiries : *D'argent à un saint Côme et un saint Damien de carnation, vêtus de robes noires, fourrées d'hermines, chacun un bonnet carré de sable sur la tête, entouré d'un nimbe d'or.* (A. g.)

70. — Cordonniers et Tanneurs. — Statuts distincts pour les deux corps, 1717. Confrérie dans la chapelle des saints Crépin et Crépinien. Armoiries : *D'azur à un saint Crépin de carnation, vêtu de gueules et coiffé d'un bonnet de sable, étant debout derrière un écotoy* (tronc écoté) *d'or, sur lequel il taille, avec un couteau à pied d'argent, de la besogne de sable, et un saint Crépinien aussi de*

(1) Approbation à cette date d'un Recueil manuscrit de statuts, ordonnances et règlements dressé par la ville de Dole, sur le type des ordonnances de Besançon et Salins (Arch. du Doubs). C'est à ce recueil que nous renvoyons pour tous les statuts de 1717.

carnation, vêtu de sinople, assis à sénestre sur une selle de sable, et travaillant à un soulier de même, tenu sur son genou sénestre par un tire-pied aussi de sable, ayant l'un et l'autre un tablier d'argent, et leurs têtes entourées de lumières d'or, surmontés d'une gloire de même mouvante du chef, dans laquelle paraît, sur une nuée d'argent, une Vierge de carnation, tenant son Enfant-Jésus de même, l'un et l'autre à mi-corps, l'Enfant nu et la Vierge vêtue d'une robe de gueules sous un manteau d'azur. (A. g.)

71. — COUTURIERS (tailleurs.) — Statuts de 1717. Confrérie de Saint-Homobon fondée en 1579, en l'église Notre-Dame. Armoiries : *D'argent à un nom de Jésus de gueules.* (A. g.)

72. — MAÇONS, COUVREURS, PAVEURS ET TAILLEURS DE PIERRE. - - Statuts distincts pour les quatre corps, 1717. Confrérie des Quatre-Couronnés établie en 1504 dans une chapelle particulière en l'église Notre-Dame. Armoiries : *D'azur à quatre saints martyrs d'or couronnés de même, chacun tenant en sa dextre une palme de sinople rangés sur une terrasse de même.* (A. g.)

73. — MARÉCHAUX, POTIERS D'ÉTAIN, SERRURIERS, SELLIERS ET BOURRELIERS. — Statuts distincts pour les cinq corps. Confrérie de Saint-Eloi établie en l'église des Cordeliers, approuvée par l'ordinaire le 19 juin 1692. Armoiries : *De gueules à un saint Eloi, évêque, vêtu pontificalement d'argent, sa main dextre levée comme pour donner la bénédiction, et de sa sénestre tenant une crosse d'or adextrée d'une enclume d'or supportant un marteau de même.* (A. g.)

74. — MENUISIERS ET CHARPENTIERS. — Statuts distincts pour les deux corps, de 1717. Confrérie de Saint-Joseph, établie dès 1519 (1) en l'église Notre-Dame. Statuts de 1579 Armoiries : *De gueules à un saint Joseph de carnation vêtu d'or sur azur, tenant dans sa main dextre un lis au naturel.*

75 — ORFÈVRES. — Statuts du 13 avril 1638, enregistrés à la Chambre des comptes le 14 août 1713, au parlement en 1717.

76. — PERRUQUIERS. — Statuts annexés aux lettres patentes générales du 5 février 1725.

77. — TISSERANDS. — Statuts de 1717. Confrérie des Saints-Simon et Jude, ayant chapelle à Notre-Dame.

78. — VIGNERONS. — Confrérie de Saint-Vernier, ayant chapelle à Notre-Dame.

79. — [MERCIERS ?] Confrérie de Saint-Michel. Armoiries : *D'azur à un saint Michel d'or.* (A. g.)

(1) Au siècle dernier on lisait l'inscription suivante sur un pilier de l'église Notre-Dame de Dole : « Ce pillier a été fait en l'honneur de M. St Joseph, par les confrères, et fut commencé le xxe jour de may MDXIX. » (6e pilier du côté de l'épitre en descendant.)

Gray.

80. — APOTHICAIRES. — Statuts de 1735, homologués au parlement de Besançon en 1730. Patron : saint Côme

81. — CLOUTIERS, COUTELIERS, ORFÈVRES, SERRURIERS (ouvriers sur métaux). — Confrérie créée en 1570, approuvée par l'ordinaire le 24 octobre 1704, confirmée par le parlement en 1751. Patron : saint Eloi.

82. — DRAPIERS. — Privilèges et statuts concédés par la reine Jeanne de Bourgogne, femme de Philippe V, fondatrice de la corporation, le 26 juillet 1318 (publiés *Hist. de Gray*, par MM. Besson et Gatin, p. 425).

83. — JARDINIERS. — Confrérie de Saint-Fiacre, érigée aux Cordeliers le 23 juin 1781.

84. — OUVRIERS DU BATIMENT. — Confrérie des Quatre-Couronnés, établie aux Cordeliers, approuvée par l'ordinaire le 4 février 1704.

85. — PERRUQUIERS. — Statuts copiés sur ceux de Besançon, novembre 1691.

86. — TISSERANDS. — Confrérie. Patrons : saints Simon et Jude.

Héricourt.

87. — 1re SOCIÉTÉ. MARCHANDS DE LA GRANDE VERGE (*Merciers, Crampiers* (charcutiers), *Boulangers et Pâtissiers, Meuniers, Barbiers, Aubergistes et Cabaretiers*). Statuts approuvés par le duc Léopold-Frédéric le 10 février 1647 ; par l'intendant de Lafond le 16 novembre 1691 ; par le parlement de Besançon le 28 janvier 1749.

88. — 2e SOCIÉTÉ. MARÉCHAUX (*Serruriers, Charrons, Epingliers, Menuisiers, Vitriers, Charpentiers, Tonneliers, Tailleurs, Potiers, Gypseurs, Maçons, Couvreurs, Cloutiers, Horlogers, Taillandiers*).

89. — 3e SOCIÉTÉ (*Cordonniers, Tanneurs, Selliers, Tonneliers et Chamoiseurs*).

90 — 4e SOCIÉTÉ (*Tisserands et Filandiers, Tailleurs d'habits, Bonneliers, Chapeliers, Cordiers, Teinturiers, Peigneurs de laine*).

Jussey.

91. — TANNEURS. — Confrérie déjà ancienne en 1626, date de sa reconnaissance légale par le magistrat de cette ville. Patron : saint Antoine.

Lons-le-Saunier.

92. — APOTHICAIRES. — Statuts du 3 juin 1663, enregistrés à l'hôtel de ville (copiés sur ceux de Dole du 17 septembre 1658).

93. — BOUCHERS. — Confrérie de Saint-Antoine.
94. — CHARPENTIERS. — Confrérie de Saint-Joseph.
95. — CHIRURGIENS. — Statuts généraux du 24 février 1730. Confrérie des Saints-Côme et Damien (église Saint-Désiré), approuvée le 18 novembre 1707.
96. — FORGERONS. — Confrérie de Saint-Eloi.
97. — MAÇONS. — Confrérie des Quatre-Couronnés.
98. — MARCHANDS. — Confrérie de Sainte-Barbe.
99. — PERRUQUIERS. — Statuts généraux annexés aux lettres patente du 6 février 1725 organisant les maîtrises.
100. — TISSERANDS. — Confrérie de Saint-Sévère (égl. Saint-Désire). Statuts approuvés par l'ordinaire le 23 avril 1705.
101. — VIGNERONS. — Confrérie de Saint-Vernier.

Lure.

102. — CORDONNIERS, TANNEURS ET BOURRELIERS. — Statuts approuvés par les officiers de l'abbé de Lure, le 28 novembre 1621. Patrons: saints Crépin et Crépinien.

Montbéliard.

103. — BONNETIERS. — Statuts particuliers du 1er novembre 1614 revisés et complétés le 14 février 1725. (Les bonnetiers restèrent compris dans le corps des merciers jusqu'en 1725.)
104. — BOUCHERS. — Statuts approuvés le 18 février 1500, revisés le 8 février 1664. — Ancien patron : saint Michel. — Sceau rond, de 33 mill., bordé d'un grènetis portant un bœuf passant tourné à dextre, sommé d'une massue mise en fasce. Autour : LA SOCIÉTÉ DES BOUCHERS DE LA VILLE DE MONTBELIAR (matrice en cuivre, *musée de Montbéliard*). V. pl. II.
105. — BOULANGERS ET PATISSIERS. — Statuts (?). — Sceau rond de 40 mill. Dans le champ deux génies soutiennent un craquelin couronné, au-dessous deux roulettes à fraiser, emmanchées et posées en sautoir, un croissant, un pain long et une étoile : LA SOCIÉTÉ DES PATICIE BOULANGER DE MONTBELIAR (matrice en cuivre, *musée de Montbéliard*). V. pl. II.
106. — CHAPELIERS. — Statuts du 25 novembre 1497. — Sceau ovale haut de 36 mill., large de 31, bordé d'un grènetis. Dans le champ un écu (sommé d'une couronne) portant un arçon (outil de chapelier, en forme d'archet) mis en bande, accompagné de deux chapeaux. Au-dessus l'inscription VON MUMPELGART (de Montbéliard).
107. — CHARPENTIERS ET TONNELIERS. — Statuts du 15 novembre 1580, revisés les 19 mars 1698 et 18 décembre 1773. — Sceau rond de 41 mill., bordé d'un grènetis. Dans le champ, un baril d'où

sortent deux ceps, un écu sommé d'un alambic, d'un gobelet et d'un chandelier de cave ; l'écu porte un trophée d'outils : marteau en pal, compas en chevron, serre-joints et fourche à voguer en sautoir, mètre en fasce posé en pointe : c. d. l s d. (cachet de la société des TONNELIERS DE MONTBÉLIARD). V. pl. II. (*Musée de Montbéliard.*)

108. — CORDIERS. — Statuts du 8 septembre 1513. — Sceau rond, de 35 mill. Dans le champ un cœur entouré d'une corde, sommé d'un crochet mis en pal sur une flèche et un râteau disposés en sautoir, accostés de deux étoiles et de deux points. La légende tracée entre deux grènetis est celle-ci : LA. SOCIÉTÉ. DES. CORDIERS. DE MONT*. V. pl. II. (*Musée de Montbéliard.*)

109. — CORDONNIERS. — Statuts du 10 mars 1601, revisés les 24 octobre 1648, 23 avril 1722, 21 août 1724 (admission des bourreliers, selliers et maroquiniers) ; 3 mars 1734, 21 janvier 1738, 28 mars 1744 et 22 mars 1766. Patron [immémorial] : saint Crépin

110. — COUTURIERS (tailleurs). — Statuts du 20 mai 1494, revisés le 28 janvier 1628.

111. — GANTIERS. — Statuts du 1er mai 1747, approuvés le 29 octobre 1753. — Ancien patron : saint Pierre.

112. — MAGNINS ET POTIERS DE CUIVRE. — Statuts du 29 septembre 1573.

113. — MARCHANDS DE LA GRANDE VERGE (march. de bestiaux). — Statuts du 10 janvier 1562.

114. — MARÉCHAUX, COUTELIERS, EPERONNIERS ET SERRURIERS. — Statuts de 1500 (environ). Statuts particuliers aux *serruriers* et *armuriers*, 10 juin 1565; revision des statuts des « mareschaulx, serruriers, horologiers, cousteliers, esperonniers, selliers, corroyeurs, pouthiers d'estain, orfaibvres et forgeurs de cuivre, » 20 février 1574 ; 4 juillet 1695 (adjonction des « cloutiers ») et 18 juillet 1698. Armoiries : Deux mains serrées tenant un marteau levé; au-dessous une enclume ; au-dessus, à dextre, une pince et une clef, à senestre, une épée et un pistolet (écusson en tête d'un diplôme imprimé de 1783).

115. — MÉDECINS, CHIRURGIENS ET APOTHICAIRES. — Statuts (rédigés par Jean Bauhin) du 12 janvier 1575. — Sceau rond, de 37 mill., bordé d'une guirlande laurée; dans le champ est un creuset sur des flammes, accosté d'une fiole, d'une cornue, de bistouris ; du creuset sortent deux simples et un caducée, au-dessus l'œil de la Providence est inscrit dans un triangle avec la devise : A. DEO MEDICINA. Légende circulaire : SIGIL. MED. CHIR. ET. PHARM. CIVIT. MONTISBELIGARD. (Matrice, *musée de Montbéliard.*) (Pl. II.)

116. — MERCIERS. — Statuts du 28 octobre 1491, revisés ou confirmés les 23 octobre 1626, 21 août 1724 et 17 avril 1754. (La corporation

des merciers comprenait « les marchands espiciers, drappiers, merciers, orfèvres et jouailliers. », Sceaux : Le sceau primitif du xve siècle est rond, de 30 mill. de diamètre. Dans le champ est une balance, la légende est tracée en minuscules gothiques entre deux grénetis : s. du. m aître`. des. mercie. d[e], mo[n]beliar. Un second sceau du xviiie siècle, ovale, haut de 35 mill., large de 31, porte dans le champ un trois-mâts naviguant sur la mer ; autour, sur un bandeau saillant, on lit : sceau des marchands de la ville de montbéliard, 1754. (Musée de Montbéliard.)

117. — Tanneurs. — Statuts du 17 mars 1483, confirmés les 6 mars 1501, 24 février 1574 et 1er mai 1585. Sceau rond, de 39 mill. Dans le champ un écu couronné et supporté par deux lions, portant trois couteaux à deux manches, l'un en pal, deux en sautoir. A l'exergue : société ; autour : a montbéliard. (Musée de Montbéliard.)

118. — Teinturiers. — Statuts du 12 septembre 1741.

119. — Tisserands et Filandriers. — Statuts du 21 avril 1556, revisés en 1724.

Orgelet.

120. — Charpentiers et Menuisiers. — Confrérie de Saint-Joseph.

121. — Chirurgiens. — Statuts annexés à la déclaration du roi de 24 février 1730 et 30 septembre 1736.

122. — Cordonniers et Tanneurs. — Confrérie antérieure à 1762. — Patrons : saints Crépin et Crépinien.

123. — Maréchaux. — Confrérie de Saint-Éloi.

124. — Tisserands. — Confrérie de Saint-Sévère.

Ornans.

125. Chirurgiens. — Statuts généraux du 24 février 1730, enregistrés au parlement de Besançon le 26 juin 1752.

126. — Cordonniers et Tanneurs. — Confrérie érigée en l'église paroissiale en l'honneur des saints Crépin et Crépinien. Statuts de 1580, approuvés par l'ordinaire en août 1696, par le parlement en décembre 1701, revisés le 4 août 1707.

127. — Vignerons. — Confrérie de Saint-Vernier, érigée dès le xvie siècle.

Poligny.

128. — Barbiers et Perruquiers. — Statuts annexés aux lettres patentes générales du 6 février 1725, enregistrées le 28 juin suivant au parlement de Paris.

129. — Bouchers. — Confrérie de Saint-Antoine.

130. — BOULANGERS. — Confrérie de Saint-Honoré, confirmée par l'ordinaire le 26 juillet 1692.

131. — CHIRURGIENS. — Statuts généraux du 24 février 1730.

132. — CORDONNIERS ET TANNEURS. — Confrérie des Saints-Crépin et Crépinien (aux Jacobins), approuvée par l'ordinaire le 14 juillet 1697.

133. — MENUISIERS ET CHARPENTIERS. — Confrérie de Saint-Joseph.

134. — OUVRIERS DU BATIMENT. — Confrérie des Quatre-Couronnés.

135. — TAILLEURS. — Confrérie de Saint-Homobon.

136. — TISSERANDS. — Confrérie de Saint-Sévère.

137. — VIGNERONS. — Confrérie de Saint-Vernier.

Pontarlier.

138. — BARBIERS ET PERRUQUIERS. — Corporation constituée dès 1767 (sans statuts).

139. — MENUISIERS ET CHARPENTIERS. — Confrérie établie aux Augustins dès 1634.

Quingey.

140. — CHIRURGIENS. — Statuts annexés aux lettres patentes générales des 31 décembre 1750 et 23 mai 1752.

141. — PERRUQUIERS. — Statuts généraux du 31 décembre 1750.

Saint-Claude.

142. — APOTHICAIRES ET CHIRURGIENS. — Lettres de maîtrise de 1692, homologuées au parlement en 1718 ou 1719.

143. — CORDONNIERS. — Statuts homologués par le grand juge de Saint-Claude le 12 septembre 1671.

144. — MENUISIERS ET CHARPENTIERS. — Statuts homologués au parlement le 18 mars 1724.

145. — SCULPTEURS. — Statuts homologués par le grand juge de Saint-Claude le 18 avril 1671.

146. — TAILLEURS D'HABITS. — Statuts dressés devant le grand juge le 26 août 1687, homologués au parlement le 19 novembre 1696.

147. — TOURNEURS. — Statuts du 4 novembre 1682, homologués au parlement le 17 avril 1720.

Salins.

148. — APOTHICAIRES. — Statuts organiques du 9 mars 1593, renouvelés en 1685, puis en 1715, approuvés par le parlement de Be-

sançon le 30 juillet 1715. Recueil, 77-82 (1). — Patronne : sainte Madeleine.

149. — Bouchers. — Statuts, Rec. de 1715, 92-95. — Patronne : la Trinité.

150. — Boulangers et Patissiers. — Statuts, Rec. de 1715, 86-91. — Patron : saint Honoré.

151. — Bourreliers. — Statuts, Rec., 74-76. — Patron : saint Eloi.

152. — Chapeliers. — Statuts, Rec. de 1715, 53-55. — Patron : saint Jacques.

153. — Charpentiers. — Statuts, Rec., 15-19. — Patron : saint Joseph.

154. — Charrons. — Statuts du 7 juillet 1703, Rec., 35 37. — Patron : saint Joseph.

155. — Chirurgiens. — Statuts du 9 mars 1593 (publ. par M. B. Prost. *Notes sur l'hist. de la Médecine*, 1884, 118) et du 1er avril 1694 (imprimés, p. 1-19, chiffrés à part, à la fin des ordonnances de Salins). — Patrons : saints Côme et Damien. Sceau ovale, haut de 32 mill., large de 28, bordé d'un filet. Dans le champ, saints Côme et Damien debout, vêtus d'une longue robe à larges man ches et à collet d'hermine, coiffés du bonnet carré doctoral, et tenant chacun de la main droite un bocal de pharmacie. Lég. : SCEL. DES. MAITRES. CHIRURGIENS. DE. SALINS, 1402. (Matrice de cuivre, musée archéol. de Salins.) Confrérie établie aux Cordeliers, approuvée par l'ordinaire le 18 décembre 1677.

156. — Ciergiers et Confiseurs. — Statuts, Rec., 83-85.

157. — Cordonniers. — Statuts, Rec., 60-63. — Patrons : saints Crépin et Crépinien.

158. — Couvreurs. — Statuts, Rec, 20-22 — Patrons : les Quatre Couronnés.

159. — Gypseurs. — Statuts, Rec., 23-25. — Patron : saint Louis. Confrérie approuvée le 5 janvier 1684.

160. — Maçons. — Statuts, Rec, 11-15. — Patrons : les Quatre Couronnés.

161. — Marchands. — Confrérie de Saint-Michel (aux Cordeliers), confirmée par l'archevêque le 14 janvier 1570.

162. — Maréchaux et Taillandiers. — Statuts, Rec., 31-34. — Patron : saint Eloi.

163. — Menuisiers. — Statuts, Rec., 49-52. — Patronne : sainte Anne.

(1) Le Recueil auquel nous renvoyons pour le texte des statuts des corporations salinoises est un volume rarissime (je ne connais que l'exemplaire de la bibl. de Salins) dont voici le titre : *Ordonnances, reglements et statuts des arts et métiers de la ville de Salins. A Besançon, chés Claude Rochet, imprimeur de la Cité Royale et de la Ville de Salins. M. D. CC. XVI. Par ordre de Messieurs du Magistrat.* In-4° de 102 et 20 p.

164. — Orfèvres et Argentiers. — Statuts, Rec., 38-43. - Patron : saint Eloi.

165. — Potiers d'étain. – Statuts, Rec., 44-48. — Patron : saint Eloi.

166. — Selliers. — Statuts, Rec., 71-73. — Patron : saint Eloi.

167. — Serruriers. — Statuts, Rec., 26-30. — Patron : saint Eloi.

168. – Tailleurs d'habits. — Statuts, Rec., 56-59. — Patron : saint Claude.

169. — Tanneurs. — Statuts, Rec., 67-70. — Patrons : saints Crépin et Crépinien.

170. – Teinturiers. — Statuts, Rec., 96-99. — Patron : saint Maurice.

171. — Tisserands. — Statuts, Rec., 64-66 — Patrons : saints Simon et Jude.

Vesoul.

172. — Cordonniers et Tanneurs. — Statuts de 1575; revisés le 19 juin 1736 ; confirmés par arrêt du parlement de Besançon le 13 juillet 1736.

173. — Menuisiers. - Statuts de 1740; enregistrés et homologués au parlement en 1740.

174. — Perruquiers. — Lettres patentes du 6 février 1725; enregistrées le 28 juin 1725; confirmées par arrêt du conseil du 16 novembre 1728.

BESANÇON, IMPR. PAUL JACQUIN.

GNES & SCEAUX *de la Confrérie de St-Georges (1-4), des Chevaliers de*
uebuse et des Imprimeurs de Besançon (4 bis et 44), des Chirurgiens de Salins.

UX des CORPORATIONS de MONTBÉLIARD. *Bouchers, 104; Cordiers, 108; Marchands, 116; ecins, 115; Merciers, 116; Pâtissiers-Boulangers, 105; Tanneurs, 117; Tonneliers, 107.*

Armoiries des Confréries et Corporations.   PI. III.

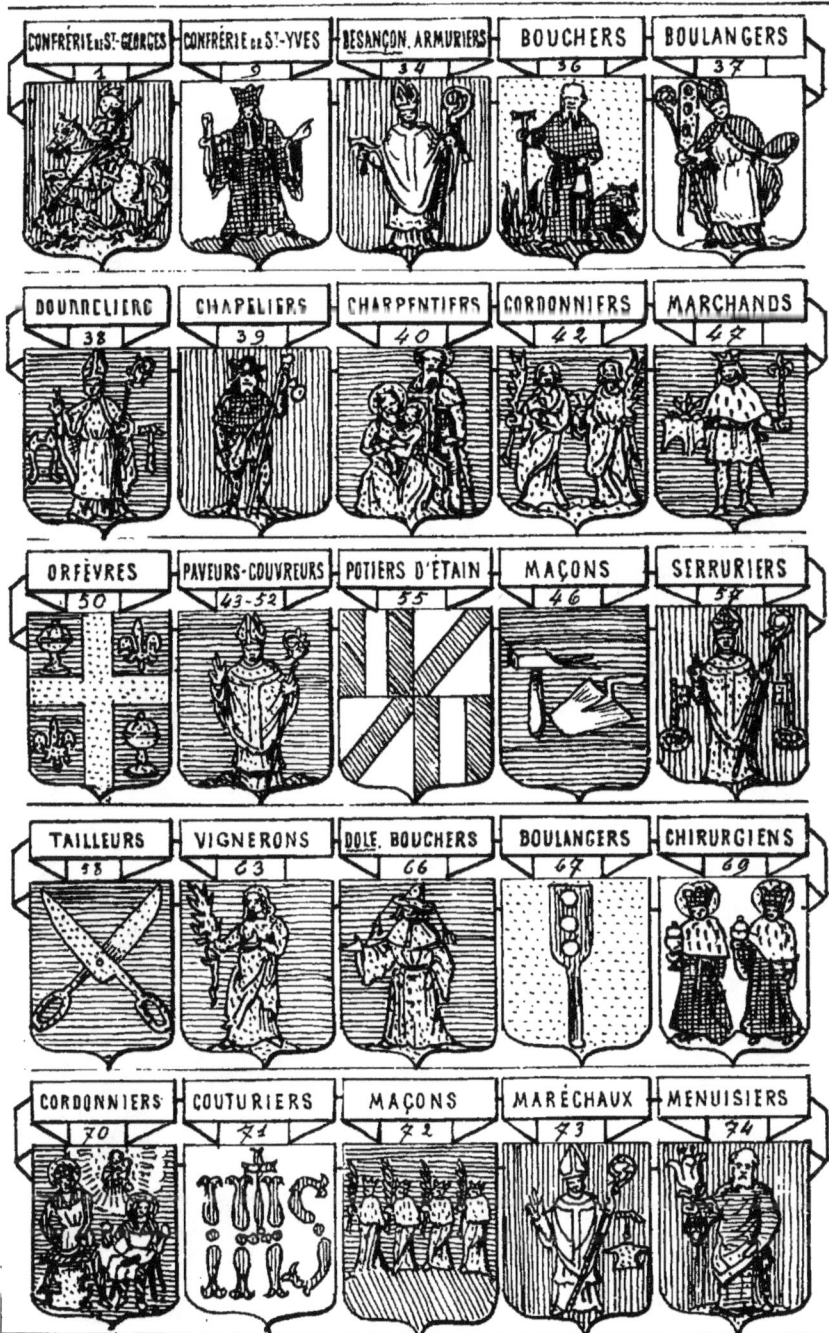

| CONFRÉRIE de St-GEORGES | CONFRÉRIE de St-YVES | BESANÇON. ARMURIERS | BOUCHERS | BOULANGERS |
| 1 | 9 | 34 | 36 | 37 |

| DOURRELIERS | CHAPELIERS | CHARPENTIERS | CORDONNIERS | MARCHANDS |
| 38 | 39 | 40 | 42 | 47 |

| ORFÈVRES | PAVEURS-COUVREURS | POTIERS D'ÉTAIN | MAÇONS | SERRURIERS |
| 50 | 43-52 | 55 | 46 | 59 |

| TAILLEURS | VIGNERONS | DOLE. BOUCHERS | BOULANGERS | CHIRURGIENS |
| 58 | 63 | 66 | 67 | 69 |

| CORDONNIERS | COUTURIERS | MAÇONS | MARÉCHAUX | MENUISIERS |
| 70 | 71 | 72 | 73 | 74 |

ARMOIRIES DES CONFRÉRIES & CORPORATIONS *d'après l'Armorial Général de 1696.*

www.ingramcontent.com/pod-product-compliance
Lightning Source LLC
Chambersburg PA
CBHW070747210326
41520CB00016B/4605